HUNDEBABYS
zum Liebhaben

Jenny Dale

Kleiner Schmutzfink Max

Aus dem Englischen
von Katharina Georgi

Mit Bildern von
Frank Rodgers

Verlag an der
ESTE

Mit besonderem Dank
an Narinder Dhami

Sonderausgabe für den Verlag an der ESTE GmbH,
Buxtehude 2008

Die Originalausgabe ist erschienen bei Macmillan Children's
Books, London, unter dem Titel »Max the Mucky Puppy«

Aus dem Englischen von Katharina Georgi

Umschlagillustration: Jacques Fabre
Umschlagtypographie: Agentur Hummel + Lang
Gesamtherstellung: Westermann Druck Zwickau GmbH
Artikelnummer: 007130

Kapitel 1

»Max, du bist dreckig!«, rief Simon. »Und du riechst eklig!«

Max, der gerade in einer Hecke herumgeschnuppert hatte, blickte Simon mit erstaunten braunen Augen an. Er hatte sich doch nur in einer Schlammpfütze gewälzt. Was war schlimm daran? Max fand, dass er großartig roch!

Simon zog die Leine aus der Manteltasche und griff nach seinem nassen, matschbeschmierten Hündchen. »Max, du bist wirklich der schmutzigste kleine Hund auf der ganzen Welt!«, sagte er und schüttelte den Kopf. »Komm schon, wir wollen nach Hause gehen.«
Max sprang eifrig an Simons Beinen hoch und wedelte wie wild mit seinem kurzen Stummelschwanz. Simon betrachtete die schlammigen Pfotenabdrücke, die Max überall auf seiner Jeans hinterlassen hatte. »Ma-ax!«, stöhnte er, während er die Leine am Halsband befestigte. »Wenn wir nach Hause kommen, musst du gleich in die Badewanne!«
Max hörte mit dem Schwanzwedeln auf. Badewanne! Langsam hasste er dieses

Wort. All die wunderbaren Gerüche, die er auf dem Spaziergang gesammelt hatte, würden weggewaschen werden. Simon und seine Mutter benutzten immer ein Shampoo, das grässlich roch und Max zum Niesen brachte. Max ließ den Kopf hängen und winselte den ganzen Weg bis nach Hause.
Mrs Green, Simons Mutter, war hinten im Garten. »Nicht schon wieder!«, rief sie, als sie Max erblickte. »Er muss

sofort in die Badewanne! Ich lasse Wasser ein.«

»Ich will nicht gebadet werden!«, bellte Max böse. Aber Mrs Green beachtete ihn gar nicht und lief ins Haus. Max beschloss sofort nach oben zu flitzen und sich unter einem der Betten zu verstecken, wenn Simon ihn von der Leine ließ. Dort würden sie ihn niemals finden!

»Und lass ihn bloß nicht von der Leine, Simon!«, rief Mrs Green, als sie zum Badezimmer eilte. »Er wird sich nur unter einem der Betten verstecken und wir kriegen ihn nie mehr raus!«

»Huh! Wieder nichts!«, schnüffelte Max und winselte. Dann ließ er sich auf den Boden fallen und fühlte sich jämmerlich. Es war immer das Gleiche. Max konnte es einfach nicht verstehen. Er achtete so sehr darauf, sich nur im schönsten Dreck, dem besten Matsch und den tollsten Pfützen zu wälzen, die er finden konnte. Aber die Greens waren nie zufrieden. Immer wollten sie ihn hinterher nur baden!

»Mach dir nichts draus, Max«, sagte Simon und kniete sich hin, um Max zu streicheln. »Du hättest auf jeden Fall baden müssen. Morgen bringen wir dich zur Hundeschau.«

Max leckte mit düsterer Miene Simons Hand. Er hatte keine Ahnung, was eine Hundeschau war, aber wenn er dafür baden musste, war er sich ziemlich sicher, dass er so etwas nicht mochte.

»Simon, du kannst Max jetzt hochbringen«, rief Mrs Green.

Max weigerte sich auch nur einen Schritt zu tun, also musste Simon ihn tragen.

Mrs Green wartete mit aufgerollten Ärmeln im Badezimmer.
»Hinein mit dir, Max!«, sagte sie und setzte den stämmigen kleinen Hund in die Badewanne. »Bald wirst du wieder hübsch sauber sein!«
Max wusste, wann er verloren hatte. Beleidigt saß er da, während Simon warmes Wasser über ihn schüttete. Dann nahm Mrs Green eine große Flasche und schraubte den Deckel auf. Max rutschte das Herz herunter. »Oh nein, nicht dieses Shampoo!«, bellte er böse. Aber Mrs Green beachtete ihn nicht.
»Du wirst hinterher wunderbar und sauber duften, Max«, sagte Simon zu ihm, als seine Mutter einen Klecks Shampoo in ihre Hand goss und ihn dann schnell in das Fell von Max rieb.

»Puuh! Das riecht ja fürchterlich!«, jaulte Max und nieste laut.
»Halt still, Max!«, sagte Mrs Green streng, während sie und Simon sein zotteliges Fell wuschen.
»Du willst doch morgen bei der Hundeschau schön sein, Max, oder nicht?«, sagte Simon.
»Vorher habe ich schön ausgesehen!«,

bellte Max mürrisch. Dann jaulte er noch einmal, als sie ihn abbrausten und er dabei Wasser in die Nase bekam.
»Ich glaube, du kannst morgen einen Preis gewinnen, Max«, sagte Simon, als er sein Hündchen aus der Wanne hob und es mit einem alten Handtuch abzutrocknen begann.
Max hatte keine Ahnung, was ein Preis war, und es interessierte ihn auch nicht. Er hatte die Nase voll! Jetzt würde er nach diesem stinkenden Shampoo riechen, bis Simon morgen früh mit ihm spazieren ging. Max dachte an all die schmutzigen Plätze, die er auf seiner bevorzugten matschigen Straße besuchen könnte. Er konnte es kaum erwarten.
»Du musst darauf achten, dass Max morgen sauber bleibt, Simon«, sagte

Mrs Green. »Er darf vor der Hundeschau nicht mehr schmutzig werden, also lass ihn nicht frei herumlaufen!«
Max stellte die Ohren auf. Das war ja entsetzlich! Musste er morgen den ganzen Tag so riechen? Nur um auf irgend so eine blöde Hundeschau zu gehen – was immer das war? Das war nicht gerecht!

Kapitel 2

»Nein, Max!«, sagte Simon am nächsten Morgen in bestimmtem Ton. »Ich darf dich nicht ohne Leine laufen lassen – du hast gehört, was Mum gesagt hat!«
Max schaute Simon mit seinen großen braunen Augen bettelnd an. Er winselte und berührte mit der Pfote Simons Bein.
»Also gut.« Simon sah sein Hündchen

an. »Aber nur ganz kurz. Und du musst ganz nah bei mir bleiben.«
Max saß ruhig da, als Simon die Leine löste. Dann schoss er wie eine Rakete davon. Er konnte sich einfach nicht bremsen!
»Max! Max! Komm zurück!«, brüllte Simon.
Max nahm keine Notiz von ihm und sauste fröhlich die Straße hinunter, durch drei riesige Pfützen – plitsch, platsch, plitsch! – dicht hintereinander. Die letzte war so tief, dass das Wasser bis an seinen Bauch reichte. Max schüttelte sich erfreut und wälzte sich dann schnell in dem dreckigen Wasser.
»Max, komm her!«, schrie Simon, während er zu dem aufgeregten Hündchen rannte. »Jetzt wird Mum wirklich sauer sein!«

Max flitzte wieder davon und streckte seine Nase schnuppernd in die Luft. Da drüben auf der nahe gelegenen Wiese duftete es ganz wundervoll – nach einem seiner Lieblingsgerüche. Kühe. Max hatte Angst vor Kühen, weil sie so riesig waren, aber Kuhfladen waren eine Wucht!

Er steckte seinen Kopf durch ein Tor und schaute auf die Wiese.
Erfreulicherweise waren die Kühe vom Bauern gerade weggebracht worden, um gemolken zu werden.
Er schlängelte sich unter dem Tor hindurch und konnte Simons Hand, die nach ihm griff, gerade noch entkommen.
»Max!«, rief Simon, der zusehen musste, wie sein Hund über die Wiese sauste. »Bleib von den Kuhfladen weg!«
Zu spät.
Max hatte sich bereits auf den nächsten Kuhfladen gestürzt und wälzte sich mit großem Spaß darin herum.
Simon kletterte über das Gatter und stürzte auf Max zu.
Während er sich die Nase zuhielt, ergriff

er das Halsband und zog sein Hündchen von der Weide.
»Max, du stinkst!«, stöhnte Simon. »Jetzt kriegen wir richtig Ärger!«
»Simon! Ich dachte, ich hätte gesagt, du sollst dafür sorgen, dass er sauber bleibt!«, rief Mrs Green entrüstet, als Simon und Max zu Hause eintrafen.
»Tut mir Leid, Mum«, murmelte Simon.
Mrs Green beugte sich hinunter, um Max auszuschimpfen. »Max, du bist ein sehr ungezogener –.« Sie hielt inne und schnupperte, dann ging sie auf Abstand.
»Ist das . . .?«
Simon nickte unglücklich. »Ja, er hat sich in einem Kuhfladen gewälzt!«
Max setzte sich auf den Kiesweg, er war sehr mit sich zufrieden. Er fand, er roch phantastisch!
»So kommt er mir nicht ins Haus!«,

schnauzte Mrs Green. »Und wir müssen jetzt einkaufen gehen. Er muss draußen im Garten bleiben.«

»Aber was ist mit der Hundeschau?«, fragte Simon besorgt.

Seine Mutter warf einen Blick auf ihre Armbanduhr. »Wenn wir Max sofort baden, nachdem wir vom Einkaufen zurück sind, könnten wir es gerade noch rechtzeitig schaffen«, sagte sie.

Max bellte empört. Schon wieder baden?

Simon sperrte Max im Garten hinter dem Haus ein, dann fuhren er und seine Mutter zum Einkaufen.

Max sah sich im Garten um, er tat sich sehr Leid. Als er ein paar matschige Pfützen entdeckte, wurde er fröhlicher. »Ich sollte sie gut nutzen vor meinem Bad«, bellte er.

Max wälzte sich eine Zeit lang in dem schmutzigen Wasser, dann schnüffelte er im Komposthaufen in der Gartenecke herum. Plötzlich stieg ihm ein fürchterlicher Geruch in die Nase. Ein seifiger, die Nase reizender Geruch. Shampoo! Er fragte sich, woher der wohl käme, und rannte zum Zaun hinüber, um es herauszufinden. Eines der Holzbretter war unten zerbrochen und Max konnte seinen Kopf hindurchstecken, um auf die Straße zu schauen.

Missy, der weiße Pudel, der ein paar Häuser weiter wohnte, stolzierte mit seinem Frauchen Mrs Naylor auf ihn zu. Missys weiches Fell war glänzend weiß und oben auf dem Kopf trug sie eine rote Schleife.

Max hatte noch niemals einen Hund mit

einer Schleife gesehen. »Warum hast du das Ding da auf dem Kopf?«, bellte er. »Du siehst wirklich dämlich aus!«
»Ich sehe hübsch damit aus«, kläffte Missy empört. Sie blickte Max hochmütig an. »Nicht wie du!«
Max schnupperte und nieste. »Du hast auch gebadet«, bellte er. »Armes Ding!«
Er wusste, dass Missy sich auch gerne im Dreck wälzte.
Aber sie bekam nicht oft Gelegenheit dazu – Missys Frauchen war viel strenger als Simon.
»Nun, ich gehe auf die Hundeschau, also muss ich hübsch aussehen.« Missy streckte ihre kleine schwarze Nase in die Luft. »Am Ende lohnt es sich meistens!«, fügte sie ziemlich geheimnisvoll hinzu.
»Oh, ich gehe auch zur Hundeschau!«,

bellte Max. Aber er hoffte, dass Simon nicht von ihm erwartete so eine lächerliche Schleife auf dem Kopf zu tragen! »Was ist eine Hundeschau eigentlich?«

»Hast du denn von nichts eine Ahnung?«, kläffte Missy. »Alle Hunde laufen auf und ab und dann wählen die Preisrichter den besten aus«, erklärte sie.

»Oh.« Max warf sich in die Brust. Er würde gute Chancen haben!

Missy sah ihn wieder hochmütig an.

»Aber um zu gewinnen, muss man sauber sein und für die Menschen gut riechen. Und das tust du nicht!«, bellte sie.

Max schnüffelte. »Aber ich rieche wunderbar!«, bellte er zurück.

»Nicht für die Menschen«, antwortete Missy.

Mrs Naylor wurde langsam ungeduldig und zog Missy die Straße hinunter.
»Du kannst nicht gewinnen«, bellte Missy über die Schulter. »Nicht, wenn du so aussiehst!«
»Wir werden ja sehen!«, knurrte Max ärgerlich. Er hatte eine Entscheidung getroffen. Er würde nicht darauf warten, dass Simon und Mrs Green nach Hause kämen und ihm ein weiteres

scheußliches Bad verpassen würden. Nein, er würde sofort zur Hundeschau gehen!

Kapitel 3

Max hatte noch nie vorher probiert sich durch das Loch im Zaun zu quetschen. Es sah zu klein aus. Aber er musste los und sich die Hundeschau ansehen. Sein Kopf passte ganz leicht durch das Loch. Auch seine beiden Vorderpfoten. Aber dann blieb sein Bauch stecken. Er jaulte voller Panik und wand sich hin und her. Zum Glück war das Holz um das Loch herum schon ganz morsch und brach entzwei. Max purzelte hinaus auf die Straße. Puuh! Er rappelte sich auf und schaute die Straße hinunter.

Missy und Mrs Naylor verschwanden gerade um die Ecke, also sauste Max ihnen hinterher. Er folgte ihnen verstohlen, bis sie den Park erreichten. An den Wochenenden ging Max oft mit Simon in den Park, aber heute sah dort alles völlig anders aus.

Auf der Wiese standen große weiße Zelte und eine Menge Buden, an denen aller möglicher Hundebedarf verkauft wurde wie Leinen und Spielzeug, Körbe und Hundefutter. Endlich war auch die Sonne herausgekommen. Viele Menschen liefen mit ihren Hunden herum, hatten Spaß und aßen Eis. Max

wedelte mit dem Schwanz. Das sah alles sehr aufregend aus!
Missy und Mrs Naylor gingen hinüber zu dem größten Zelt. Max folgte ihnen. Neben dem Eingang saßen ein kleiner Mann und eine große Frau an einem Tisch.
Mrs Naylor blieb stehen, um mit ihnen zu sprechen, dann betraten sie und Missy das Zelt.
Max sprang ihnen in großen Sätzen hinterher, aber der Mann an dem Tisch griff nach unten und erwischte das Hündchen am Halsband. »Und wo zum Kuckuck willst du hin?«, fragte er grimmig.
Max fürchtete sich etwas. Er dachte, es wäre klüger, auf Nummer Sicher zu gehen, also warf er sich auf den Rücken und präsentierte dem Mann seinen

niedlichen Bauch. Bei Mrs Green funktionierte das immer.
Aber der grimmige Mann schien nicht sehr beeindruckt zu sein. Und die Frau auch nicht.
»Er ist schmutzig!«, sagte sie.
»Fürchterlich dreckig!«
»Er hat ein Schildchen an seinem Halsband. Vielleicht sollten wir seine Besitzer anrufen, damit sie kommen und

ihn abholen«, sagte der Mann stirnrunzelnd. Dann schnupperte er. »Woher kommt dieser furchtbare Geruch?«

Die Frau kam zu ihm herüber und schnupperte auch. Sie zog eine Grimasse. »Oh, er riecht so grässlich!«

Schnell ließ der Mann das Halsband von Max los.

Max zögerte keine Sekunde. Er rannte davon, sauste um die Ecke des Zeltes und schnüffelte am Boden herum. Er hatte keine Ahnung, was er jetzt machen sollte. Dann wurde er wütend. Wenn diese doofen Leute ihn nicht zur Hundeschau lassen wollten, dann musste er eben selbst einen Weg finden, um hineinzukommen!

Mit Hilfe seiner Schnauze gelang es Max, ein Ende der Zeltbahn anzuheben.

Er steckte seinen Kopf darunter durch und schaute sich um. Es war so viel los, dass ihn niemand bemerkte. In der Mitte des Zeltes befand sich eine große Manege. Darin liefen Menschen und Hunde auf und ab und viele andere Menschen saßen auf Bänken und beobachteten sie.
Max zwängte sich unter der Zeltbahn hindurch ins Innere. Die Hunde im Ring stellten sich gerade in einer Reihe auf und ein Mann lief hin und her und betrachtete sie. Max war erstaunt zu sehen, dass alle Hunde genauso wie Missy gebadet und gebürstet waren.
Plötzlich wehte ein köstlicher Duft vorbei. Max schnupperte heftig. Leckis! Er roch seine Lieblingsknabberei!
Das Hündchen beschloss

herauszufinden, woher dieser Geruch kam. Vielleicht konnte er ein paar Leckis ergattern. Er machte sich auf den Weg durch das Zelt.
»Woher kommt dieser Gestank?«, fragte eine Frau, die die Hundeschau verfolgte, als Max an ihr vorüberkam.
»Ich habe keine Ahnung«, sagte der Mann neben ihr und blickte sich um.
»Aber er ist widerlich!«
Während Max weiterlief, verzogen immer mehr Leute ihre Gesichter und hielten sich die Nasen zu. Aber Max war viel zu sehr damit beschäftigt, die Leckis zu finden.
Da waren sie! An einem Stand in der Zeltecke standen riesige Säcke mit Leckis. Max beobachtete, wie ein Hund und sein Herrchen zu dem Verkaufsstand gingen, und die nette

Dame hinter der Theke gab dem Hund einen Lecki zum Probieren.
Max lief das Wasser im Mund zusammen, es tropfte ins Gras. Sehnsüchtig blickte er zu dem Teller hinauf. Der stand viel zu hoch oben, als dass er ihn hätte erreichen können. Aber irgendwie musste er daran gelangen.
Die Verkäuferin drehte sich um, um einen Kunden zu bedienen. Da entdeckte Max einen gewaltigen Sack mit Hundekuchen, der neben dem Stand auf dem Boden lag. Max wedelte mit dem Schwanz. Er hatte eine Idee. Als die Verkäuferin gerade nicht hinsah, kletterte Max auf den Sack mit Hundekuchen, stemmte seine Vorderpfoten gegen den Stand und schaffte es mit großer Anstrengung,

einen Lecki mit dem Maul zu fassen. Er zog mit aller Macht . . . und der ganze Teller mit Leckis kippte vom Tisch und flog ins Gras.

»Oh nein!«, schrie die Verkäuferin.

»Schaut nur, was dieser Hund angerichtet hat! Und was ist das für ein ekelhafter Geruch?«

Den Lecki fest im Maul trat Max eilig den Rückzug an. Er verschwand unter einer der Bänke, die den Ring umgaben, um seinen Snack in Ruhe zu fressen.
»Mummy, was müffelt denn da so?«, fragte ein kleines Mädchen, das auf der Bank saß und die Hundeschau verfolgte.
»Ich weiß es nicht«, antwortete seine Mutter stirnrunzelnd. »Komm, wir suchen uns einen anderen Platz!«
Max verschlang seinen Leckerbissen, und dann beschloss er nachzusehen, was die Hunde in der Arena machten. Er schlängelte sich unter der Bank hervor und spazierte durch das Zelt.
Aber schon nach kurzer Zeit erwischte ihn plötzlich jemand am Halsband und hielt ihn fest.

»Kann mir bitte irgendjemand erklären, wem dieser Hund gehört?«, fragte eine strenge Stimme.

Kapitel 4

Eine Frau mit ärgerlichem Gesicht, die einen großen, unheimlichen Hut mit Blumen trug, hielt Max fest. Sie hatte ihn so fest im Griff, dass er sich nicht auf den Rücken wälzen und seinen niedlichen Bauchtrick an ihr ausprobieren konnte.
»Wem gehört dieser Hund?«, wiederholte die Frau mit lauter Stimme.

»Er sollte hier nicht ohne Leine herumlaufen!«
Alle starrten Max missbilligend an. Langsam war es ihm richtig peinlich.
»Das ist der Hund, der meine Platte mit den Kostproben heruntergeworfen hat!«, rief die Frau vom Stand mit den Leckis.
»Ich glaube, ich bringe dich lieber zum Zelt für Fundsachen«, sagte die unheimliche Frau.

Max winselte und versuchte sich loszureißen. Er wollte nirgendwo hingebracht werden. Er wollte bleiben und die Hundeschau ansehen.
»Ich weiß wirklich nicht, was sich dein Frauchen denkt«, fuhr die Frau fort, als sie Max von der Arena fortzog. Dann hielt sie die Nase in die Luft und schnupperte. »Was ist das für ein fürchterlicher Geruch? Bist du das?«
Sie beugte sich über das Hündchen, um an ihm zu riechen. Dabei rutschte ihr der große Blumenhut vom Kopf und landete direkt auf Max.
Die Frau war so überrascht, dass sie sein Halsband losließ. Max, der immer noch den Blumenhut trug, machte sich sofort in Höchstgeschwindigkeit davon.
»Mein Hut!«, rief die Frau schrill.

»Dieser Hund rennt mit meinem Hut davon!«
Max konnte nicht sehen, wohin er lief. Dieser Hut war so groß, dass er ihn fast vollständig bedeckte. Er schüttelte sich heftig. Der Hut flog davon und Max schoss unter eine Bank und war verschwunden.
Max hechelte, aber ganz leise, damit

keiner merkte, wo er war. Er schaute unter der Bank hervor und sah einen Jungen, der den Hut aufhob und ihn der Frau zurückgab. Der Hut war jetzt dreckig und mit Gras bedeckt. Max beobachtete, wie die Frau an ihm roch und das Gesicht verzog.

Max wollte schon entrüstet bellen, als ihm einfiel, dass er sich ja versteckte. Überhaupt war es ein hässlicher Hut! Er warf sich ins Gras und überlegte, was er jetzt tun sollte.

Plötzlich begannen alle zu klatschen. Max kroch auf dem Bauch nach vorne, um zu sehen, was los war.

Eine Reihe Pudel, die alle aussahen wie Missy, lief mit ihren Besitzern in den Ring. Max stellte die Ohren auf. Missy war auch dabei, mit ihrer glänzenden roten Schleife. Mehrere der anderen

Pudel trugen ebenfalls Schleifen auf dem Kopf.
Alle waren quietschsauber und ihr Fell glänzte. Aber was für einen furchtbaren Geruch sie mit ihrem shampoonierten Fell verbreiteten!
Max beschloss in den Ring zu laufen und Missy zu begrüßen.
Er warf einen schnellen Blick in die Runde, um sicherzugehen, dass die Frau mit dem unheimlichen Hut nicht in der Nähe war, dann verließ er sein Versteck.
Die Pudel saßen nun alle ruhig neben ihren Besitzern. Missy und Mrs Naylor waren am Ende der Reihe und Max sprang mit einem freundlichen Bellen auf sie zu.
»Max! Was machst du denn hier?«, bellte Missy mit schockierter Miene.

»Ich wollte wissen, was eine Hundeschau ist«, antwortete Max.
»Verschwinde!«, jaulte Missy ärgerlich. »Die Preisrichterin sucht gerade den Gewinner aus!«
Genau in diesem Augenblick sah Mrs Naylor zu Boden und sah den abgerissenen, schmutzigen Max neben Missy sitzen. Sie stieß einen spitzen Schrei aus.
»Ich bin es doch – Max!«, bellte der Welpe.
»Geh weg!«, fuhr sie ihn an und wedelte mit den Händen vor Max herum. »Du machst Missy schmutzig!«
»Ja, hau ab!«, bellte Missy. »Merkst du es denn nicht? Alle lachen dich aus!«
Max schaute sich um. Tatsächlich lachten alle Leute und zeigten mit Fingern auf ihn. Plötzlich fühlte Max

sich sehr klein und einsam, so ganz ohne Herrchen. Er wünschte, Simon wäre bei ihm.

In der Zwischenzeit kam die Preisrichterin und inspizierte die Reihe der Hunde. Max' Herz begann wieder wie verrückt zu pochen. Es war die Frau mit dem unheimlichen Hut! Er musste hier weg, bevor sie ihn sah!

Max sauste durch den Ring und versteckte sich unter den Bänken. Er hörte, wie die Leute über ihn sprachen.

»Dieser Hund braucht dringend ein Bad – er stinkt!«

»Armer kleiner Kerl! Sein Herrchen sorgt nicht anständig für ihn.«

»Leute, die ihre Hunde so vernachlässigen, sollten keine halten dürfen.«

Max bellte böse, als er vorbeiflitzte.

»Simon ist ein tolles Herrchen!« Aber niemand achtete auf ihn.
Der arme Welpe hatte jetzt wirklich die Nase voll. Alle hatten ihn ausgelacht und jetzt sagten sie auch noch gemeine Dinge über Simon, der das beste Herrchen auf der ganzen Welt war. Max entschied düster, dass er Hundeschauen wirklich nicht leiden konnte.
». . . und der erste Preis geht an Missy und Mrs Naylor!«, dröhnte die Frau mit dem Furcht erregenden Hut. »Missy bekommt einen wunderschönen silbernen Pokal. Und von unserem Sponsor einen Jahresvorrat Leckis!«
Als die Preisrichterin Mrs Naylor und Missy den Pokal übergab, klatschten alle. Aber Max hatte kein Interesse an einem langweiligen alten Pokal. Er

dachte vielmehr an die Jahresration Leckis. Vielleicht sollte er trotz allem an der Hundeschau teilnehmen!

Kapitel 5

So schnell ihn seine Beine trugen, rannte Max vom Park nach Hause. Er musste zurück sein, bevor Simon und Mrs Green vom Einkaufen zurückkehrten, anderenfalls würde nicht genug Zeit bleiben, dass er gebadet wurde und an der Hundeschau teilnehmen konnte. Max war so wild entschlossen diese Leckis in die Pfoten zu bekommen, dass er es kaum erwarten konnte, in warmes Wasser zu tauchen und von Kopf bis Schwanz mit stinkenden Blasen bedeckt zu werden. Was waren ein paar Nieser gegen die Chance, einen Berg Leckis zu gewinnen?

Max stürmte zum hinteren Garten der Greens und quetschte sich durch das Loch im Zaun. Dann sauste er zur Hintertür und schaute durch das Küchenfenster ins Haus. Von Simon und seiner Mutter war nichts zu sehen. Max wedelte glücklich mit dem Schwanz. Das bedeutete, dass er es rechtzeitig geschafft hatte.

Kurze Zeit später kamen Simon und Mrs Green nach Hause. Max fing an zu winseln und ungeduldig an der Küchentür zu kratzen.

»Hallo, mein Kleiner!«, sagte Simon und öffnete die Tür.
»Lass ihn noch nicht hinein . . .!«, begann Mrs Green. Aber es war schon zu spät. Max war bereits an ihnen vorbeigeflitzt und raste wie der Blitz die Treppen hinauf.
»Oh nein, wahrscheinlich will er sich unter dem Bett verstecken!«, stöhnte

Mrs Green. »Da kriegen wir ihn jetzt nie raus!«
Simon und Mrs Green eilten Max hinterher. Sie suchten unter allen Betten, aber nirgends war eine Spur von ihm zu entdecken.
Max bellte. »Hier bin ich!«
Simon rannte ins Badezimmer und fand Max, der schwanzwedelnd mit den Vorderpfoten auf dem Rand der Badewanne stand. »Ich glaube, Max möchte tatsächlich ein Bad nehmen!«, rief Simon lachend.
»Schnell, wir wollen ihn in die Wanne setzen, bevor er es sich wieder anders überlegt!«, sagte Mrs Green mit erstaunter Stimme.
Anstatt sich wie üblich zu wehren, hielt Max still, als er gewaschen wurde. Er war sogar brav, als Simon ihn

abbrauste. Aber er musste niesen, als eine Seifenblase auf seiner Nase zerplatzte.
Nachdem Simon den ganzen Seifenschaum abgespült hatte, hob er Max aus der Wanne und rieb ihn schnell mit seinem alten Handtuch trocken.
»Nimm meinen Fön, damit es schneller geht, Simon«, schlug Mrs Green vor.
Max strengte sich so sehr an brav zu sein, dass er nicht einmal den Fön verbellte, wie er es sonst immer tat, wenn er eingeschaltet wurde. Er saß einfach nur da, während die heiße Luft sein Fell in Windeseile trocknete.
»Wie gefällst du dir, Max?«, fragte Simon und hielt ihn vor den Badezimmerspiegel.
Max schaute auf sein Spiegelbild und bellte erschreckt. Sein Fell war noch

niemals so wuschelig gewesen! Er mochte es kein bisschen.
Aber er sagte sich, dass es für einen guten Zweck war, so albern auszusehen. Es würde sich lohnen, wenn er diese Leckis gewinnen würde. Er konnte nur hoffen, dass er auf dem Weg keinen seiner Freunde treffen würde!
»Wir müssen los oder wir sind zu spät dran, um Max noch anzumelden«, sagte Mrs Green.

Simon nahm Max an die Leine und sie eilten zur Hundeschau.
Als sie im Park ankamen, war Max sehr nervös. All die kleinen Hunde, die er vorhin gesehen hatte, waren viel schöner als er. Er konnte sich nicht erinnern auf der Schau irgendwelche Hunde gesehen zu haben, die so waren wie er. Vielleicht hatten Simon und Mrs Green einen Fehler gemacht. Vielleicht würden alle Zuschauer wieder über ihn lachen, wenn er zusammen mit all diesen piekfeinen Hunden in den Ring kam.
Simon und Mrs Green brachten Max hinüber zum Zelt und blieben vor dem Tisch stehen, an dem das grimmige Pärchen noch immer den Eingang bewachte.
»Ich heiße Simon Green, und das ist Max«, sagte Simon. »Wir wollen am

Wettbewerb für das niedlichste Hündchen teilnehmen.«
Max stellte die Ohren auf. Niedlichstes Hündchen? Nun, vielleicht war er kein piekfeiner Hund, aber mit Sicherheit war er ziemlich niedlich!
»Oh, was für ein süßer Kerl!«, sagte die Frau und beugte sich vor, um Max zu streicheln. Dann runzelte sie die Stirn. »Komisch, er sieht so ähnlich aus wie . . .«
»Ja, tatsächlich«, stimmte der Mann zu. »Ich bin mir sicher ihn schon mal gesehen zu haben.«
Beunruhigt versteckte Max sich hinter Simons Beinen. Wenn irgendjemand ihn als den Hund erkannte, der vorhin den ganzen Ärger verursacht hatte, würden sie ihn vielleicht nicht für den Wettbewerb zulassen!

Kapitel 6

»Alle Teilnehmer am Wettbewerb für das niedlichste Hündchen werden gebeten in den Ring zu kommen!«
»Das sind wir, Mum!«, sagte Simon, als die Ansage über Lautsprecher kam.
»Viel Glück!«, sagte Mrs Green und streichelte Max' Kopf.
Max war nervös, als er neben Simon in den Ring trottete. Er konnte nur hoffen,

dass die Frau mit dem unheimlichen Hut ihn nicht sehen würde. Er wollte so gern diese wunderbaren Leckis gewinnen und allen zeigen, was für ein tolles Herrchen Simon war.

Als er mit Simon um den Ring herumlief, warf Max einen Blick auf die anderen Teilnehmer. Es gab alle Arten von Hündchen – andere Mischlinge wie Max genauso wie vornehme Reinrassige.

Max lief mit hoch erhobenem Kopf und wedelte heftig mit seinem Schwanz. Er war fest entschlossen niedlicher zu sein als jeder einzelne der anderen Hunde.

Nachdem sie den Ring umrundet hatten, stellten sich alle Hündchen und ihre Besitzer in einer Reihe auf, um sich genauer betrachten zu lassen.

»Da kommt der Preisrichter, Max«, flüsterte Simon.

Max schaute auf die Person, die langsam die Reihe der Hunde abschritt und sie ansah. Sein Herz wurde schwer. »Oh nein!«, winselte er. Es war die Frau mit dem schauerlichen Hut!
»Streng dich an, Max!«, sagte Simon und streichelte seinen Kopf. Max leckte Simon schnell über die Hand.
Aber der Welpe zitterte ein wenig, als

die Preisrichterin näher kam. Würde sie ihn erkennen?
»Was für ein liebes kleines Hündchen! Offensichtlich kümmerst du dich sehr gut um ihn«, sagte die Preisrichterin zu Simon. Sie lächelte auf Max hinunter, dann schrieb sie etwas auf ihr Klemmbrett. Max wagte es, mit dem Schwanz zu wedeln, nur ein wenig. Wie es aussah, war die Gefahr überstanden!
»Hmm . . .«, fuhr die Preisrichterin fort. »Er kommt mir bekannt vor. Kann es sein, dass ich ihn schon mal gesehen habe?« Max hörte auf mit dem Schwanz zu wedeln.
Simon schüttelte den Kopf. »Nein«, antwortete er. »Das ist das erste Mal, dass Max auf einer Hundeschau ist.«
»Das denkst du«, winselte Max leise.
Die Preisrichterin sagte nichts mehr. Sie

setzte ihren Weg an den Hunden vorbei fort, machte sich Notizen und überlegte angestrengt. Dann verkündete sie mit einem Lächeln: »Der Gewinner im Wettbewerb um den niedlichsten Hund ist . . . Max, der Simon Green gehört!«
»Max! Wir haben gewonnen!«, schrie Simon und riss den kleinen Kerl in seine Arme, während das Publikum lautstark applaudierte. »Wir haben gewonnen!«
Max bellte wie verrückt. Sie hatten es geschafft! Er war ganz offiziell der niedlichste Hund! Also, wo war jetzt sein Berg Leckis?
Die Preisrichterin überreichte Simon und Max einen kleinen silbernen Pokal.
»Gut gemacht«, sagte sie. »Und natürlich ist das noch nicht alles!«
Jetzt kommt es, dachte Max und leckte sich die Lefzen.

»Außerdem bekommt ihr einen Jahresbedarf vom besten Hundeshampoo!«, fuhr sie fort und die Zuschauer klatschten wieder.
Shampoo? Max traute seinen Ohren nicht! Hundeshampoo? Wo waren seine Leckis?
»Bist du nicht ein schlauer Hund,

Max?«, sagte Mrs Green hocherfreut, als Simon mit Max und dem Silberpokal in den Armen zu ihr eilte. »Jetzt müssen wir ein ganzes Jahr kein Shampoo mehr kaufen!«

»Oh, wirklich toll!«, kläffte Max beleidigt.

»Mum, können wir nicht irgendetwas ganz besonders Leckeres für Max kaufen, weil er gewonnen hat?«, fragte Simon. Max' Ohren schossen in die Höhe. Das klang schon besser!

»Natürlich«, stimmte Simons Mum zu. Als sie zu dem Stand mit den Leckis hinübergingen, wollten eine Menge Leute Max tätscheln und streicheln und ihm sagen, was für ein süßes Hündchen er war. Simon wirkte sehr stolz, und obwohl er nicht die Leckis gewonnen hatte, bekam Max bessere Laune. Vielleicht war es gar nicht so schlecht, sauber zu sein und »nett« zu riechen, wenn so viel Wirbel um einen gemacht wurde.

»Was kann ich für Sie tun?«, erkundigte sich die Verkäuferin.

»Wir hätten gerne eine große Tüte mit Leckis«, sagte Simon. »Die mag Max am liebsten!«

»Er ist sehr süß!«, sagte die Frau lächelnd. Dann runzelte sie die Stirn. »Seltsam, er kommt mir so bekannt vor . . .«

»Siehst du, Max?«, sagte Simon glücklich, als sie nach Hause gingen. »Sauber zu sein ist am Ende doch nicht so übel, nicht wahr?«

Aber Max hörte nicht zu. Er hatte gerade eine gewaltige matschige Pfütze entdeckt.